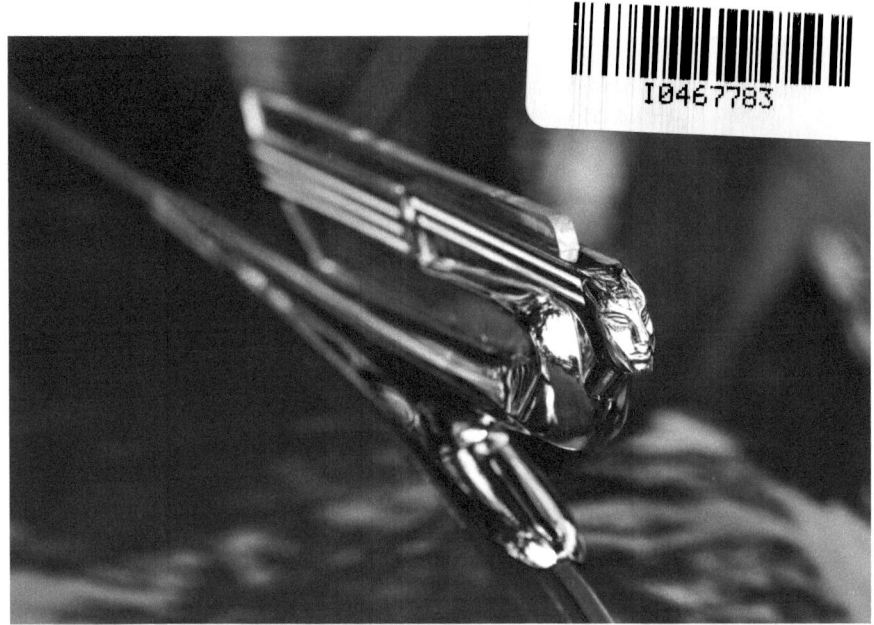

0705

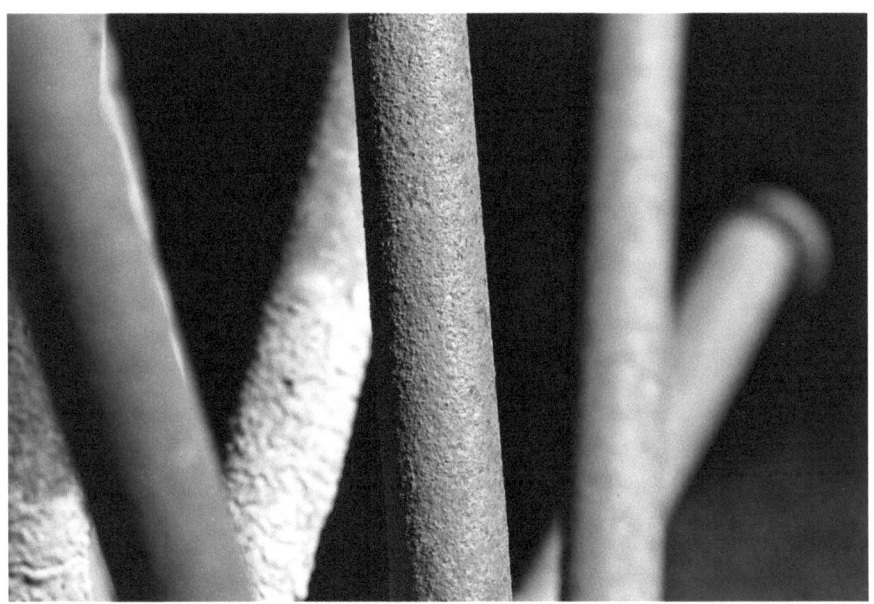

0780

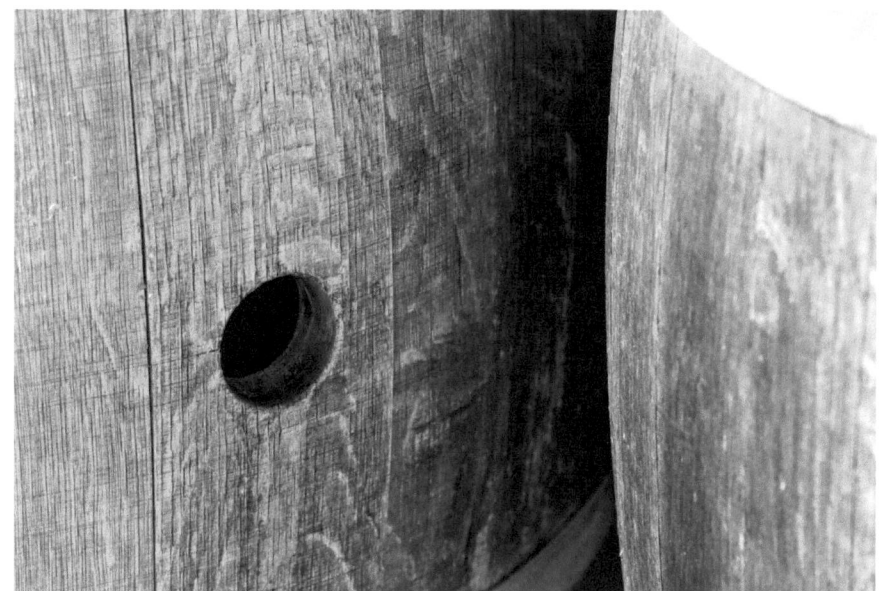

0826

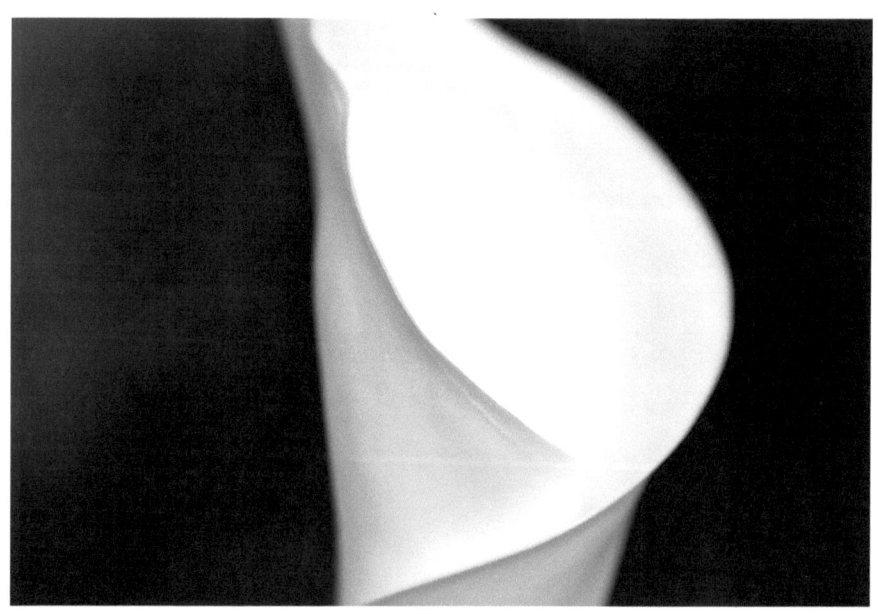

0920

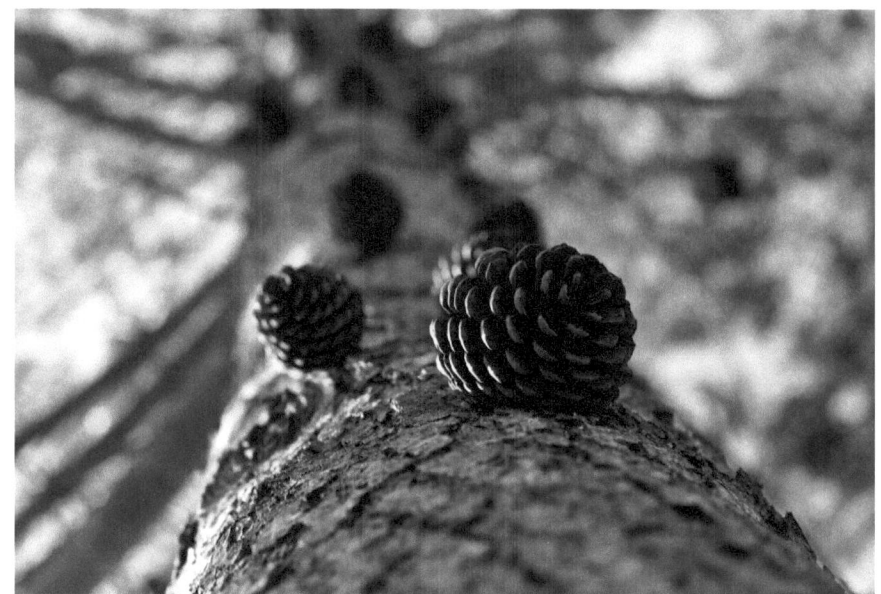

0938

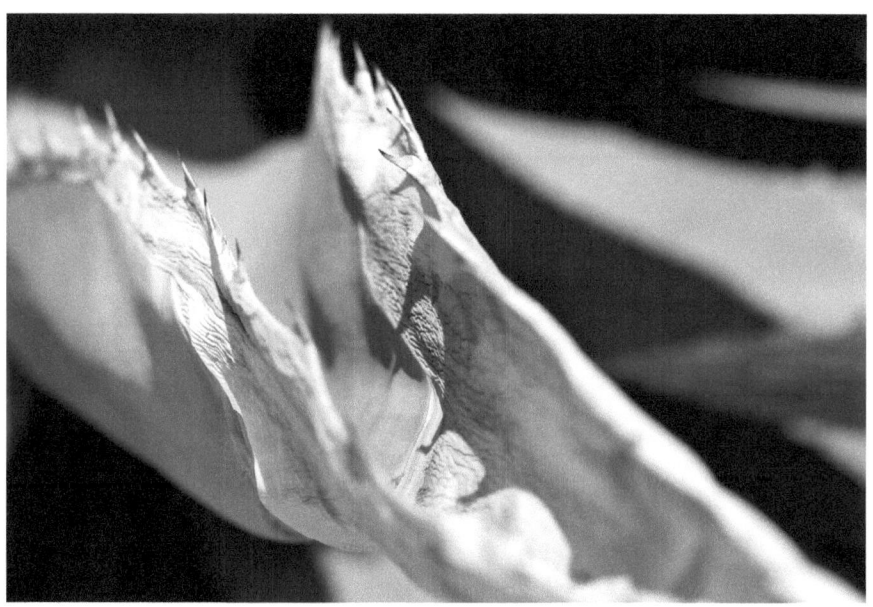

1581

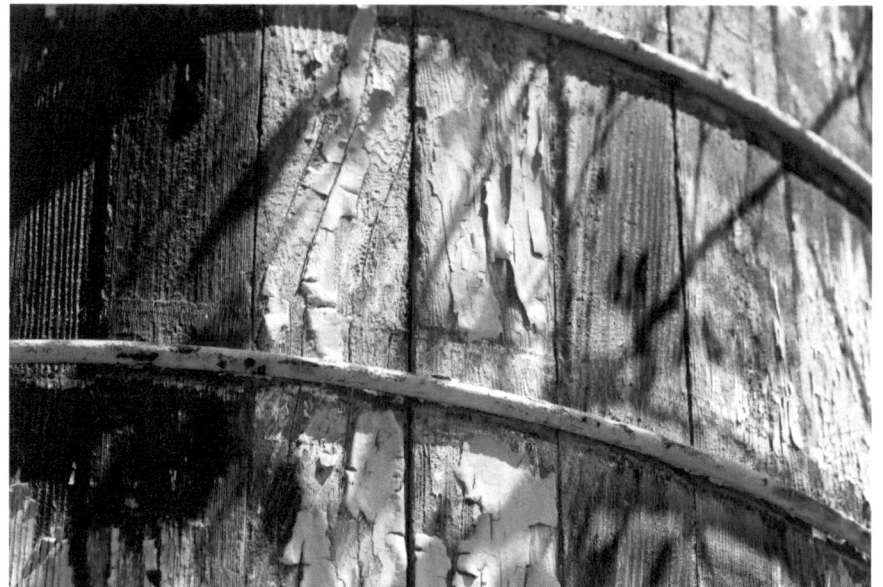

1608

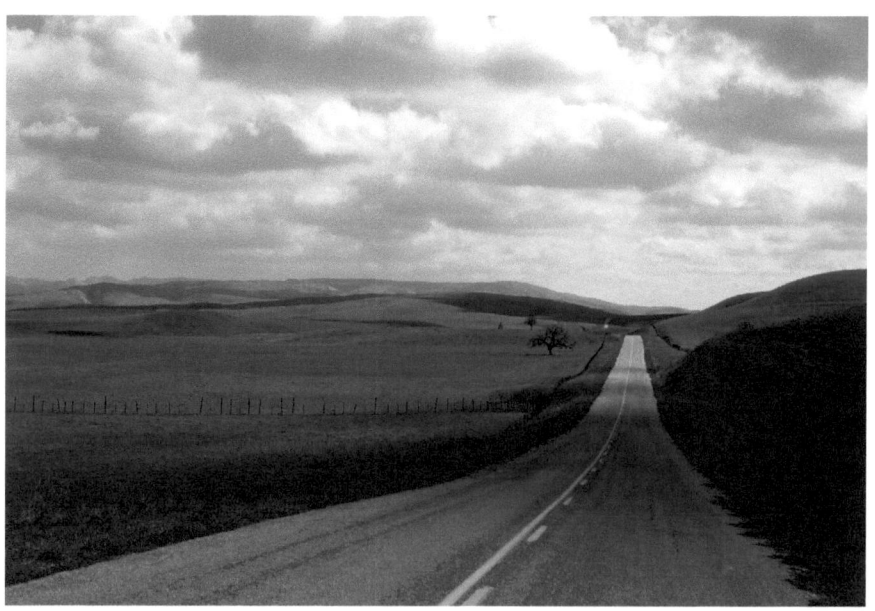

1784

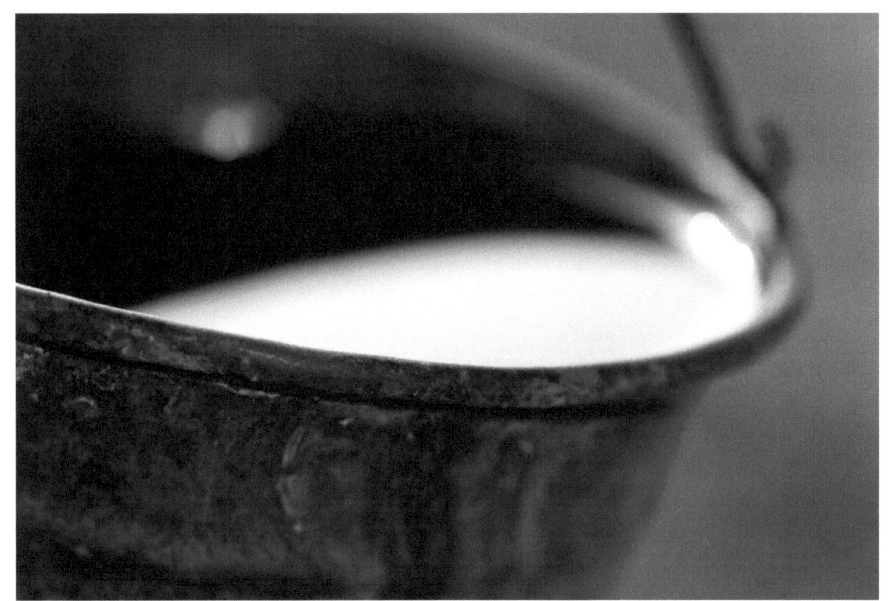

2180

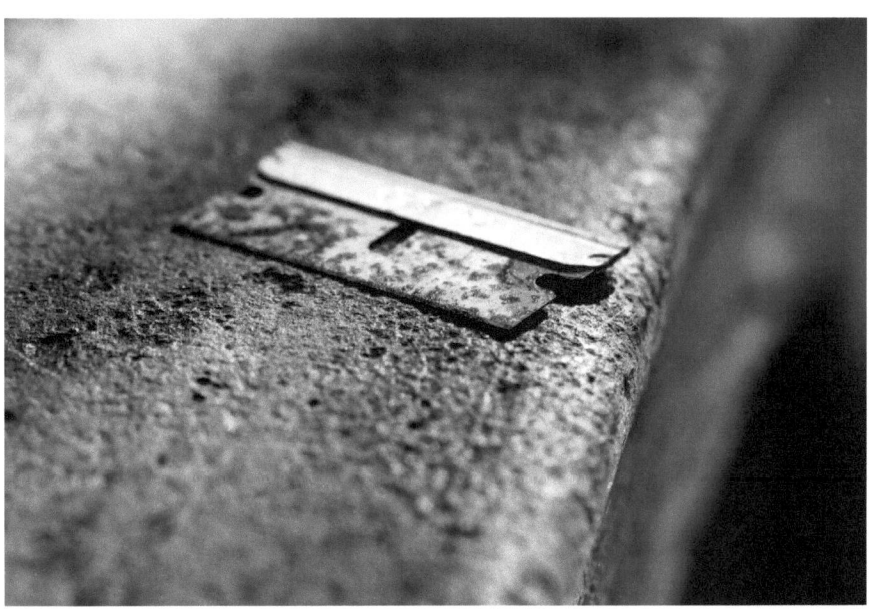

2467

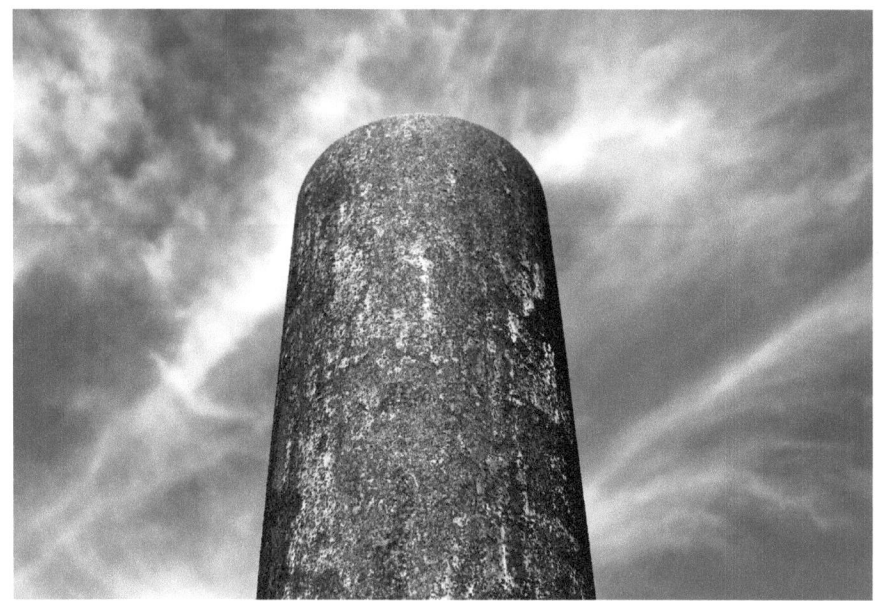

2495

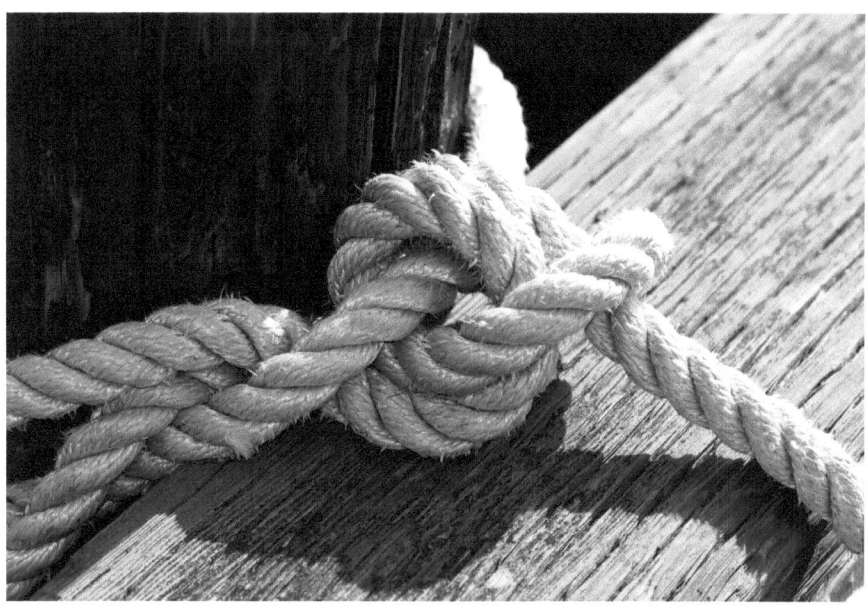

2631

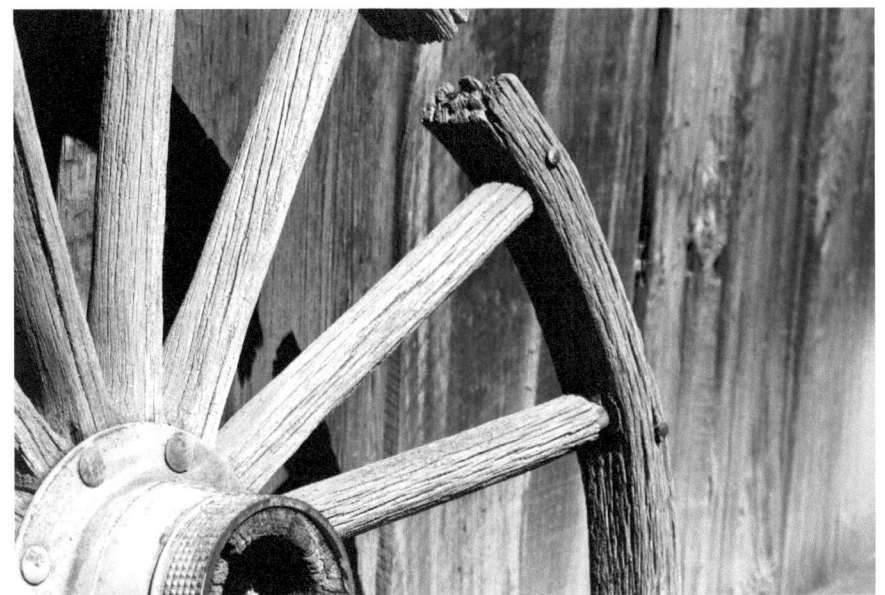

3147

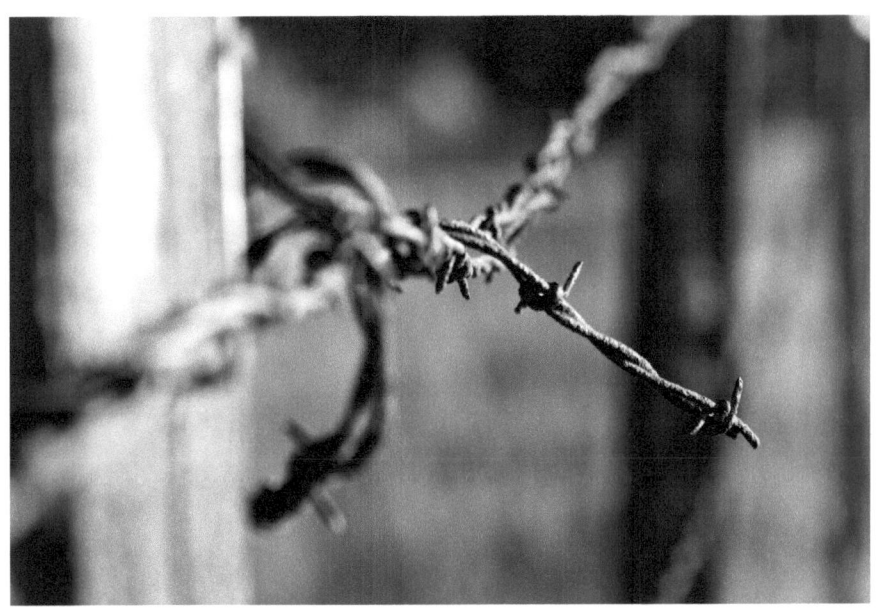

3359

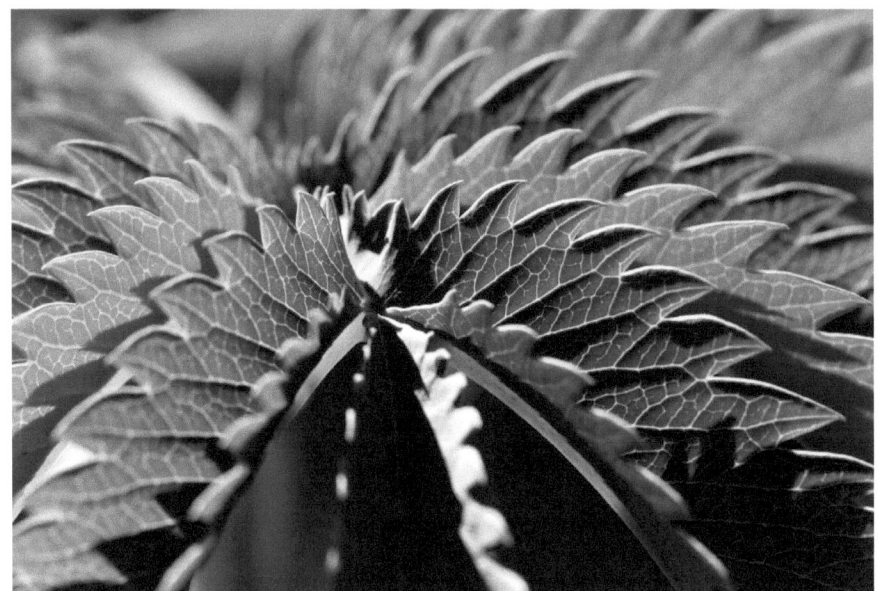

3714

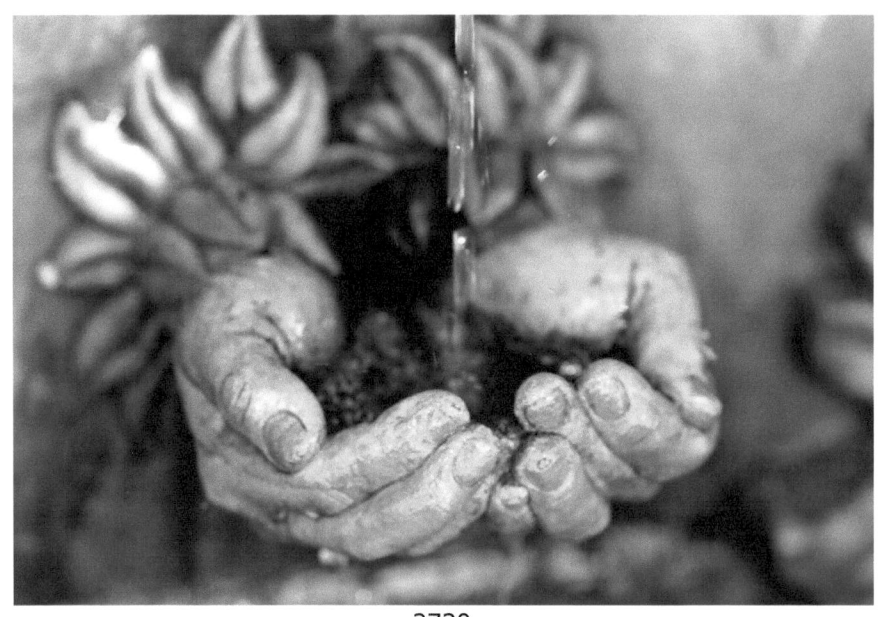

3720

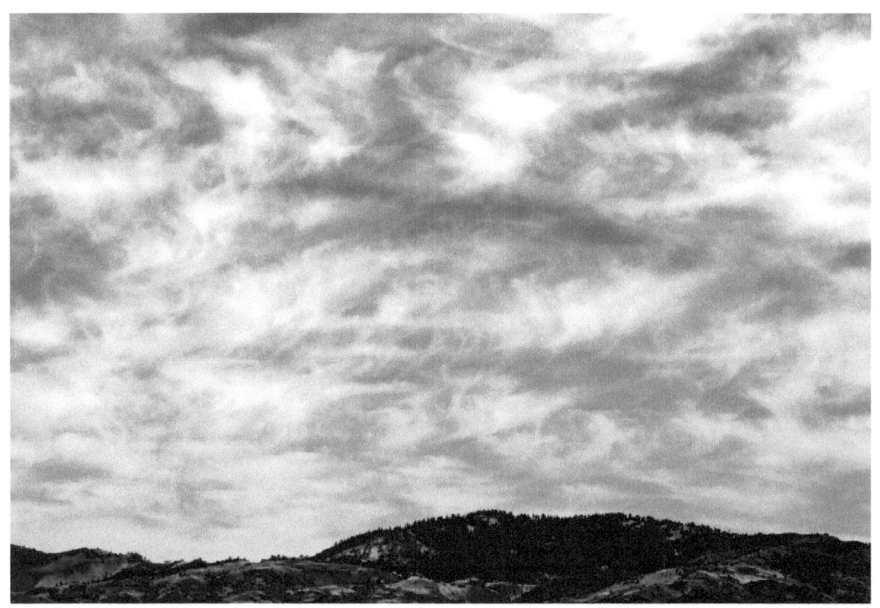

3799

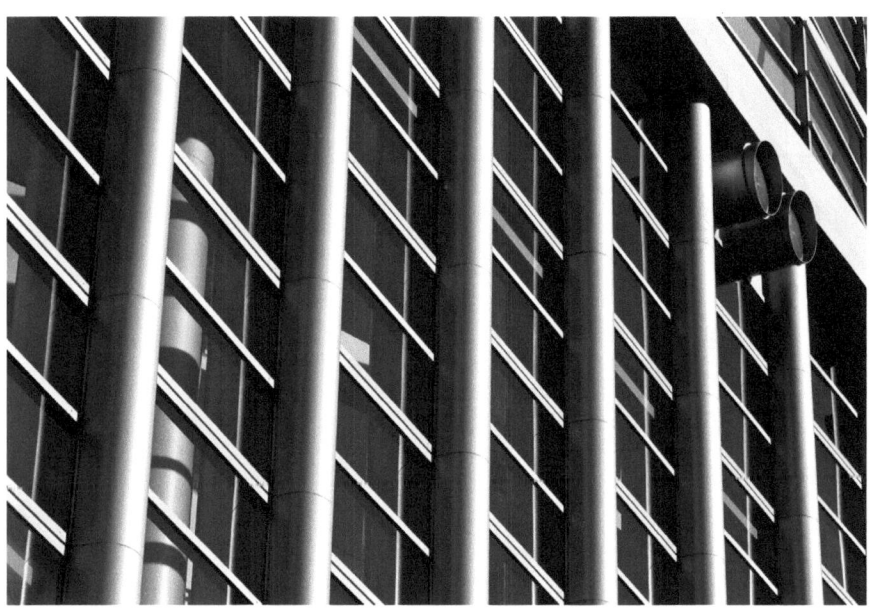

3943

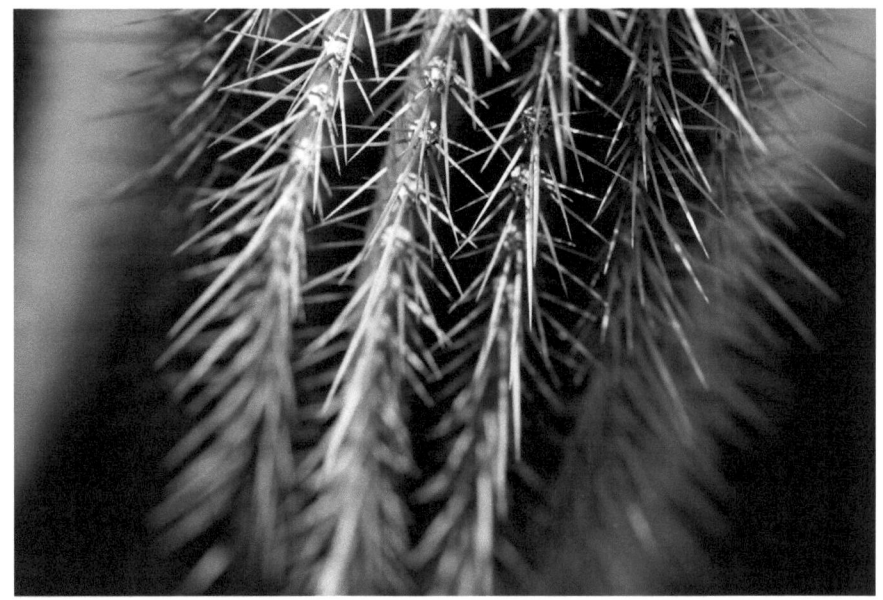

4070

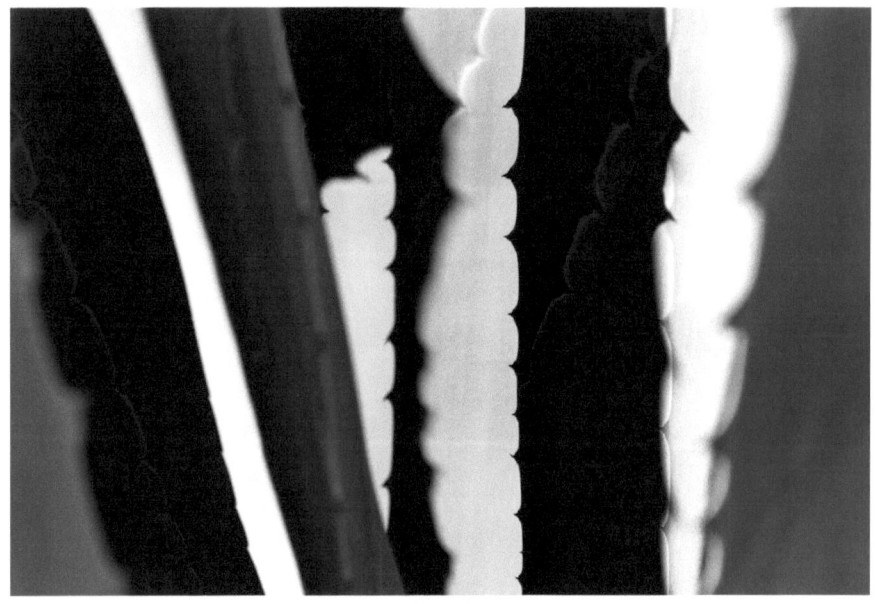

4099

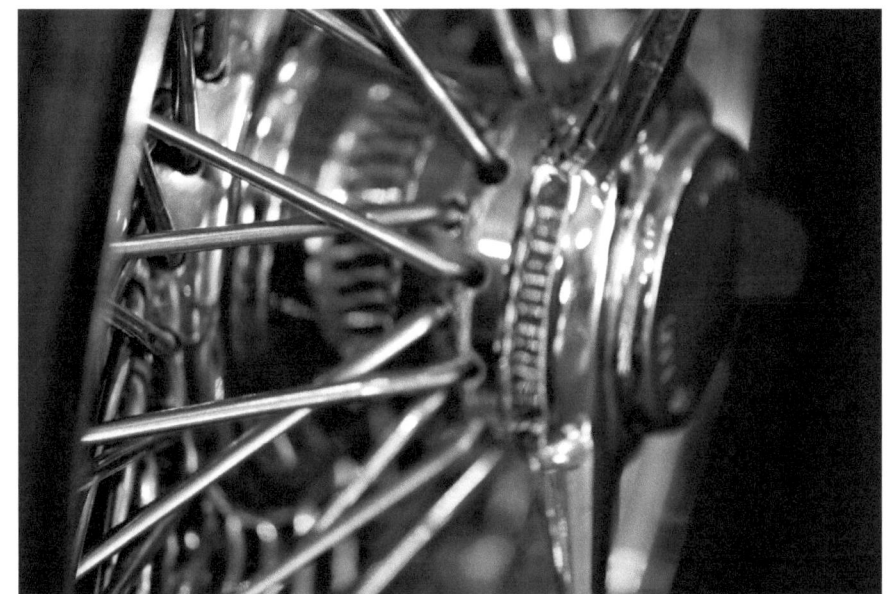

4193

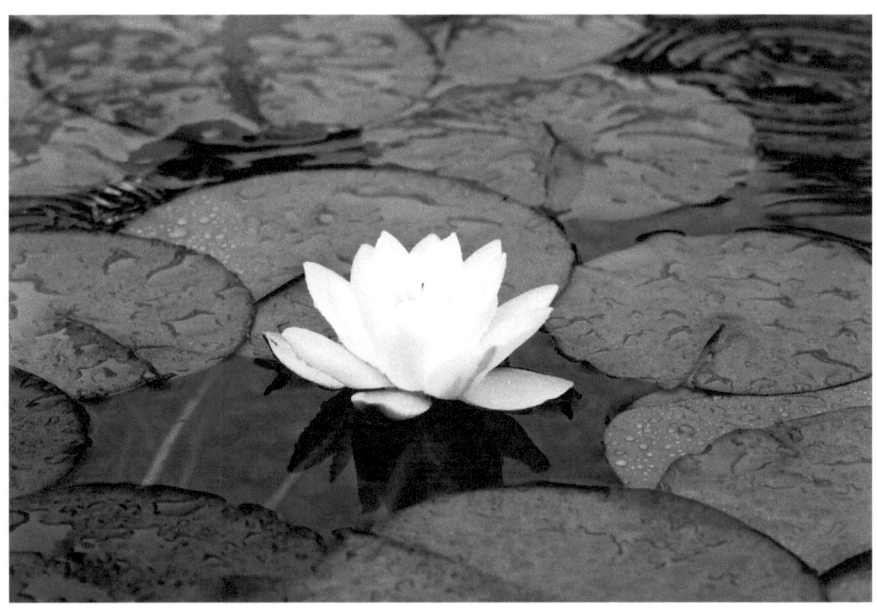

4265

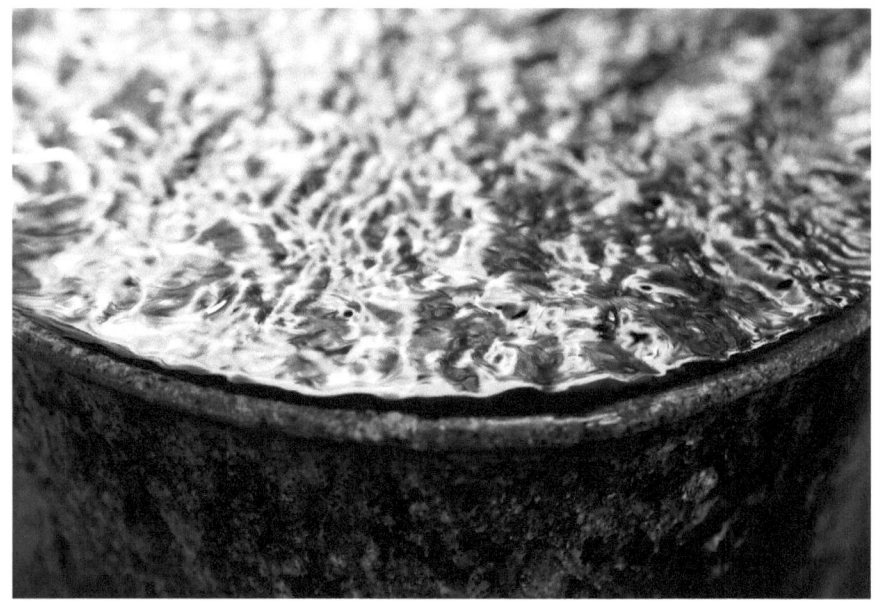

4533

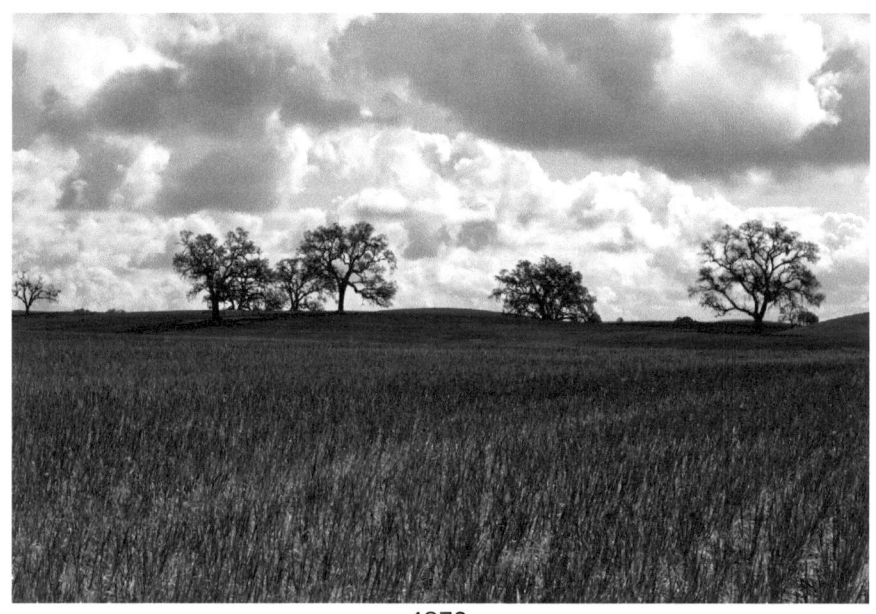

4879

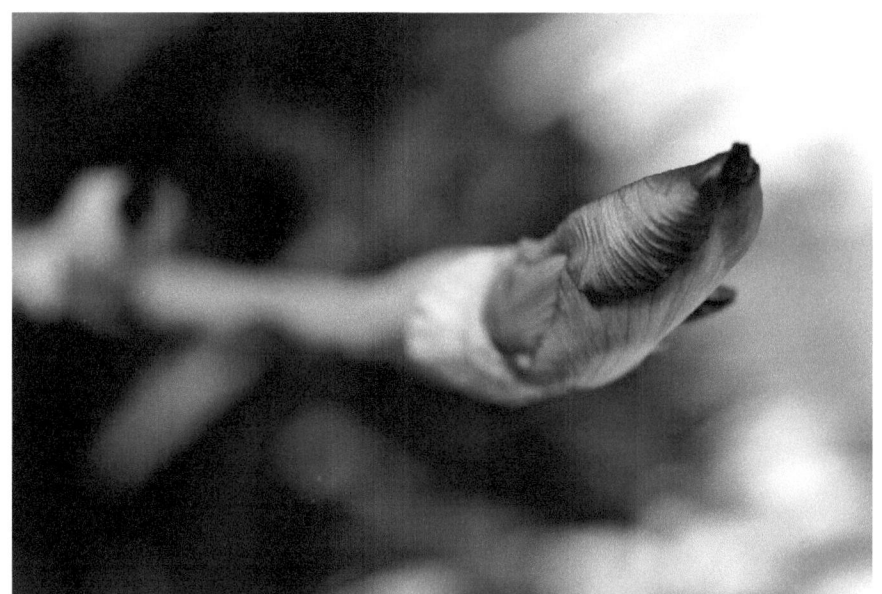

5492

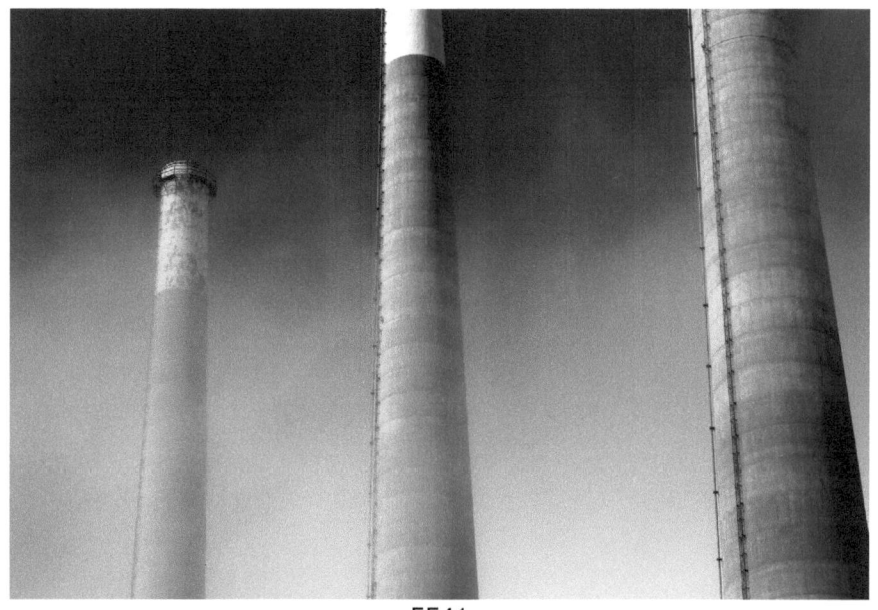

5541

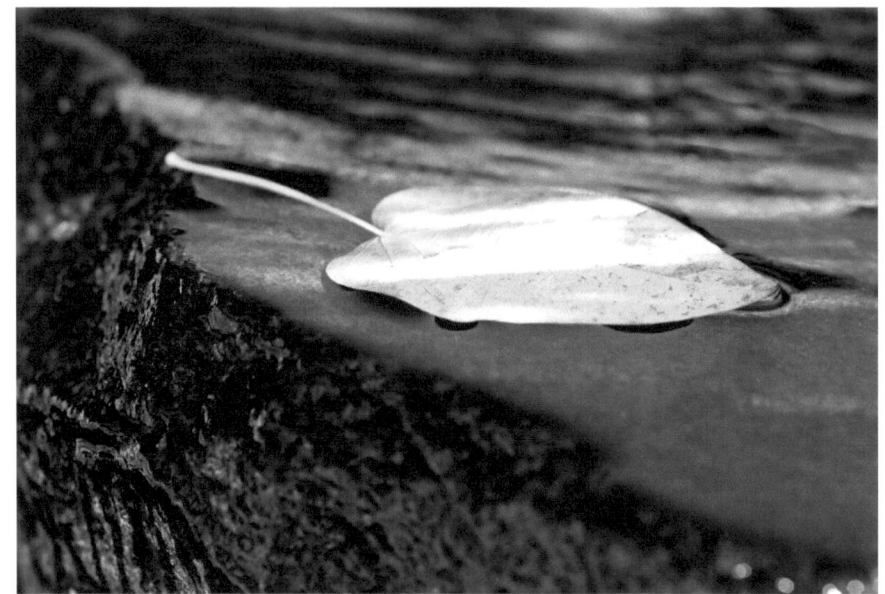

5750

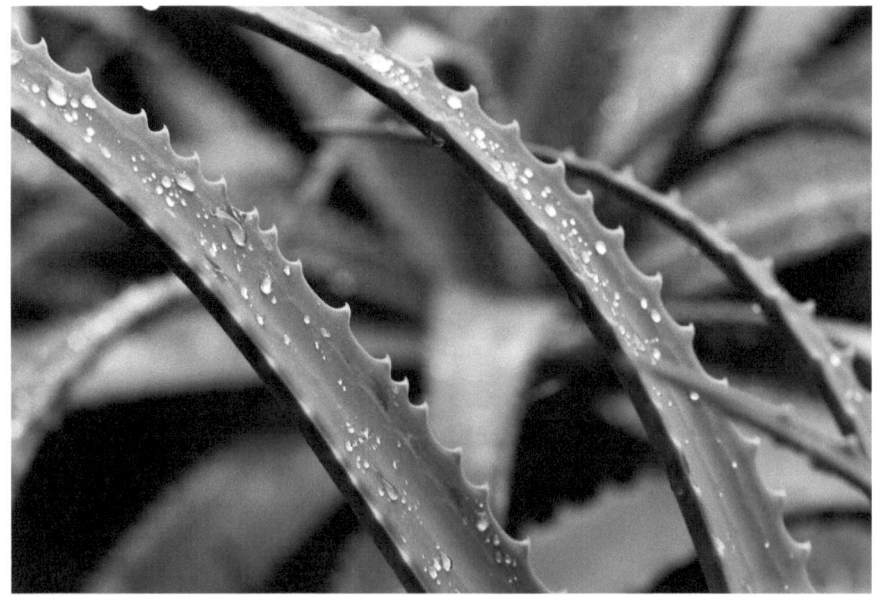

5784

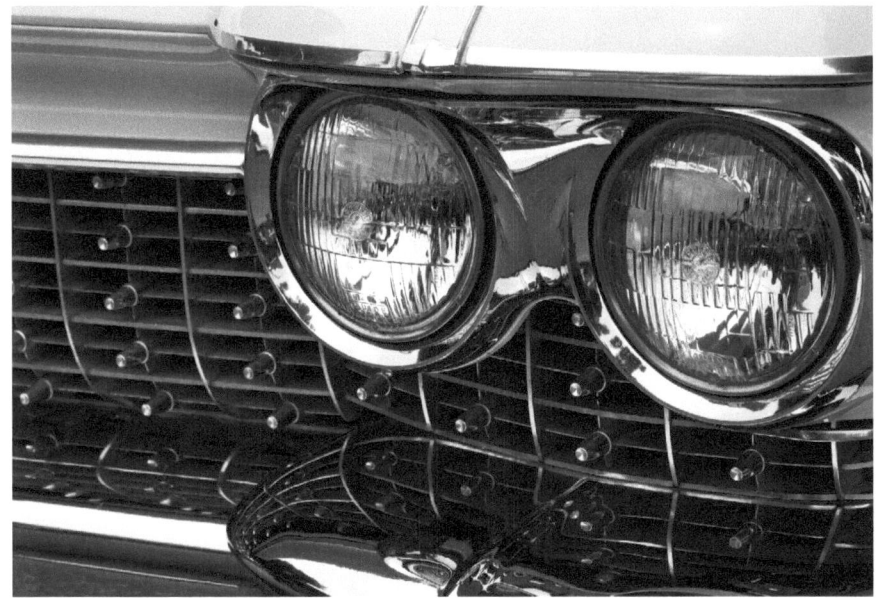

5844

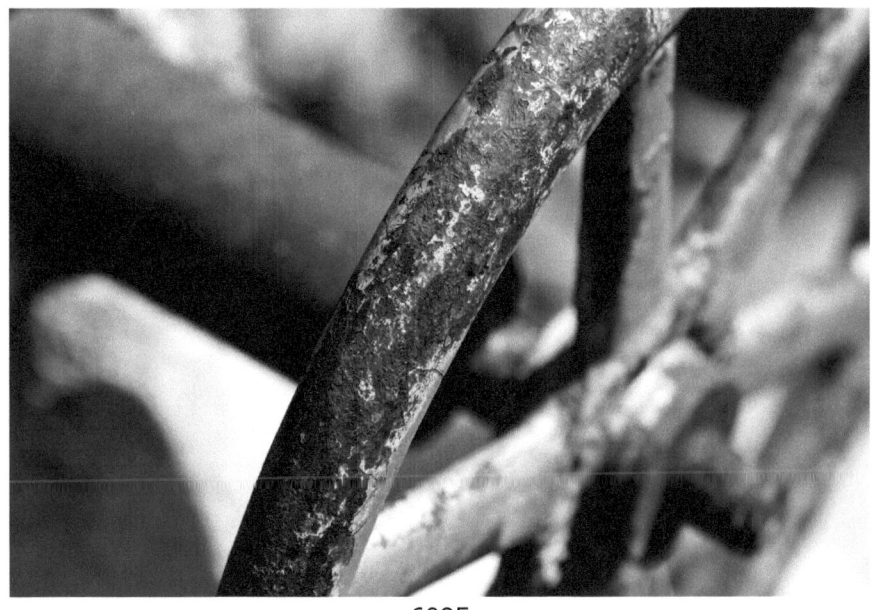

6095

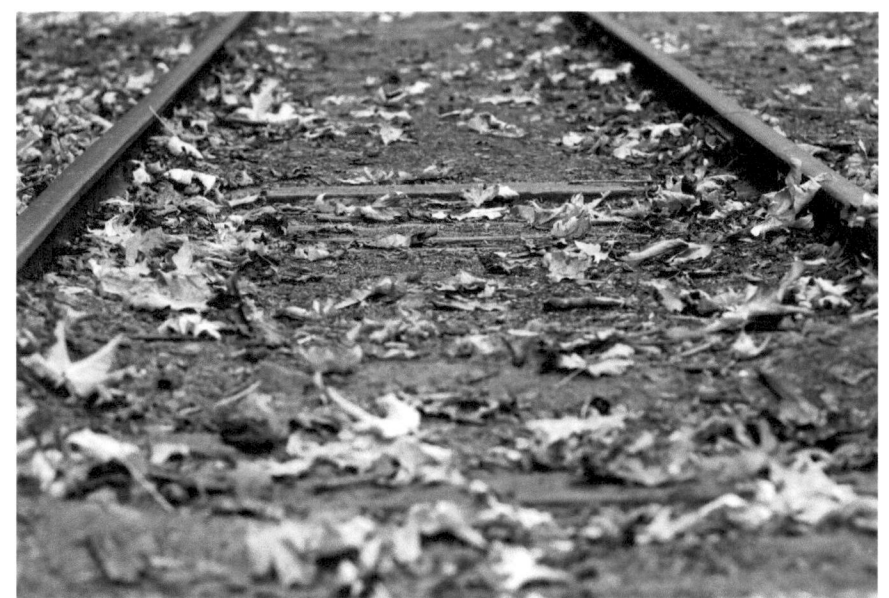

6176

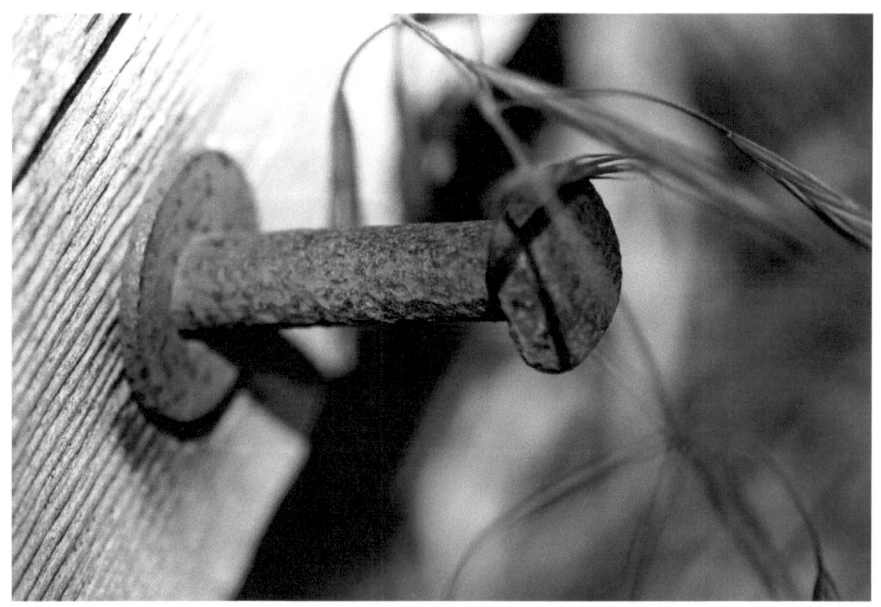

7182

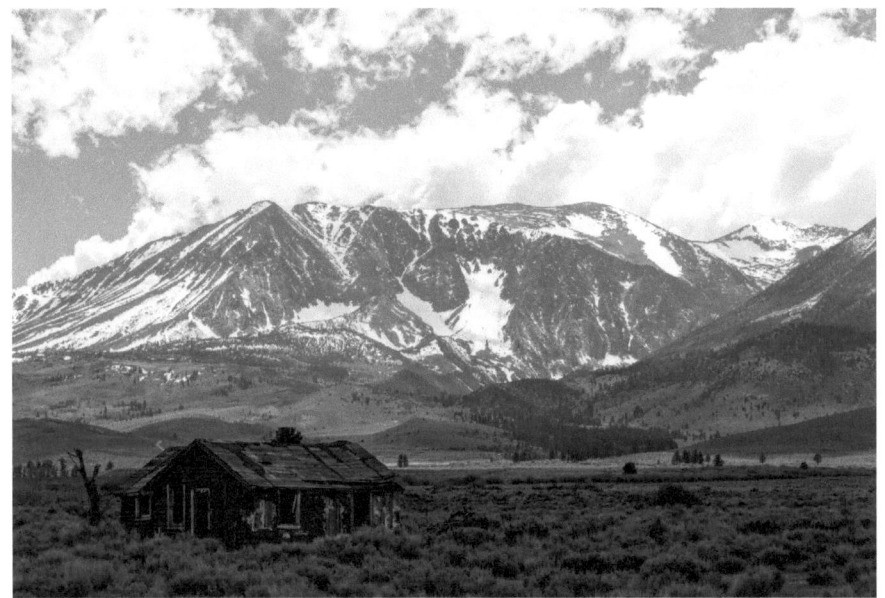
7339

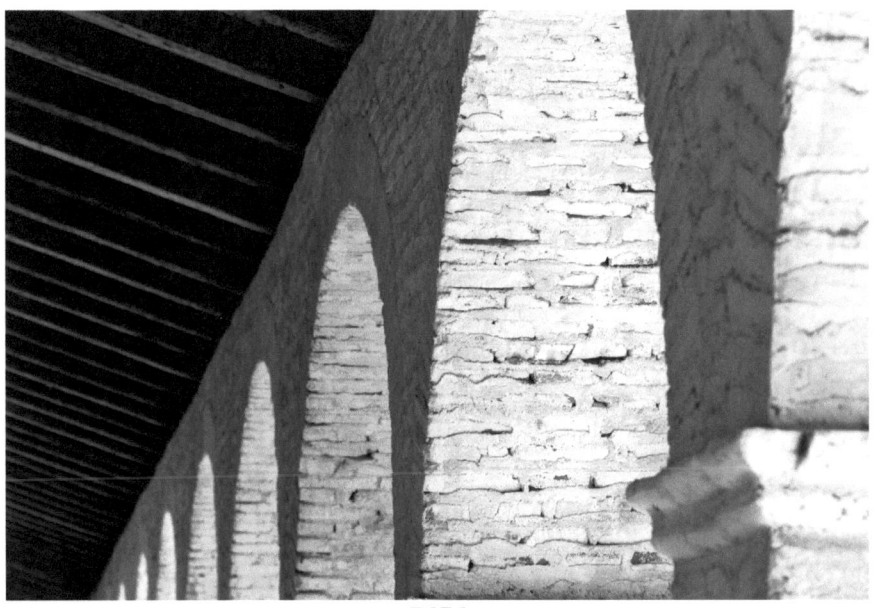
7656

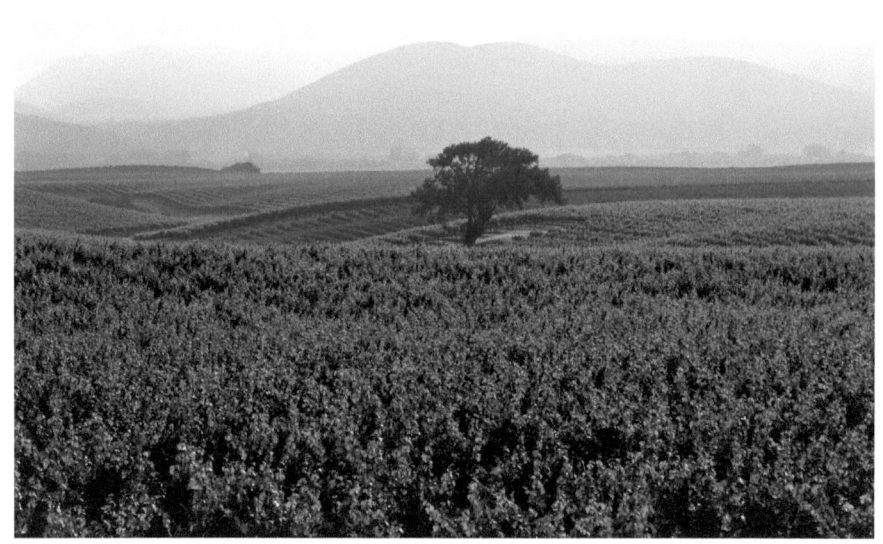

7939

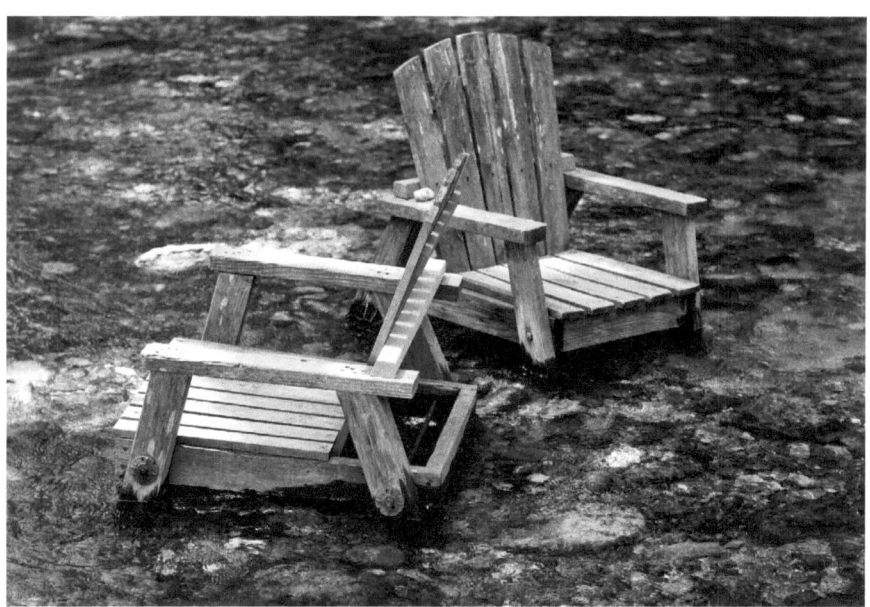

8173

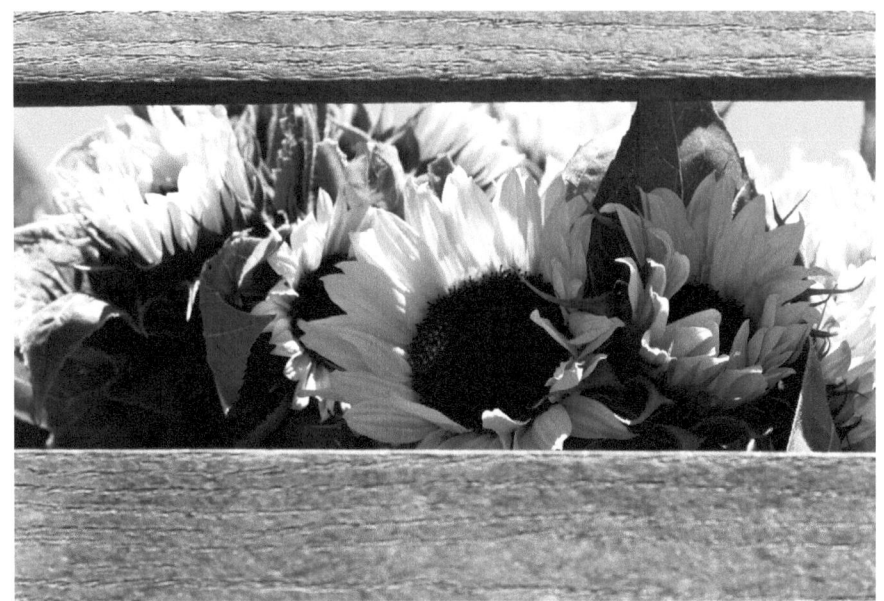

8345

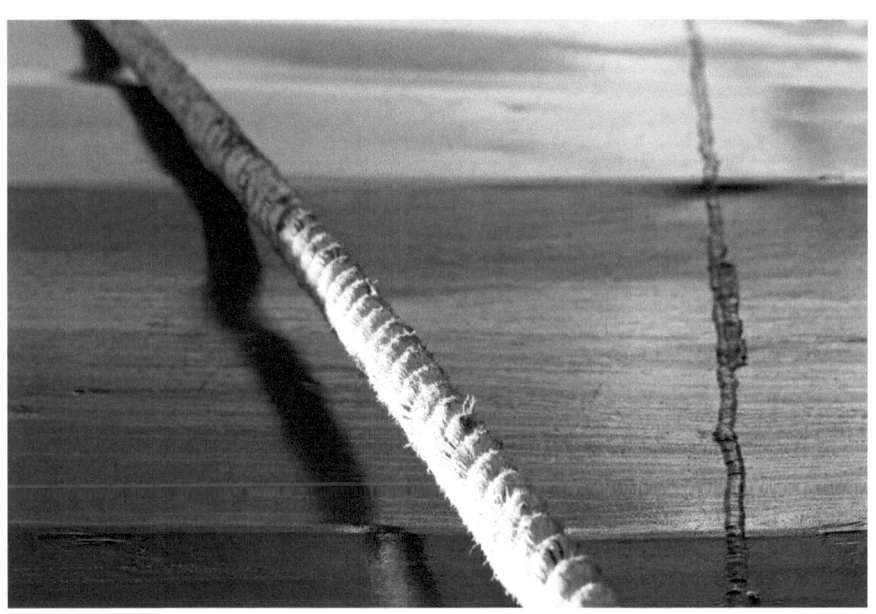

8470

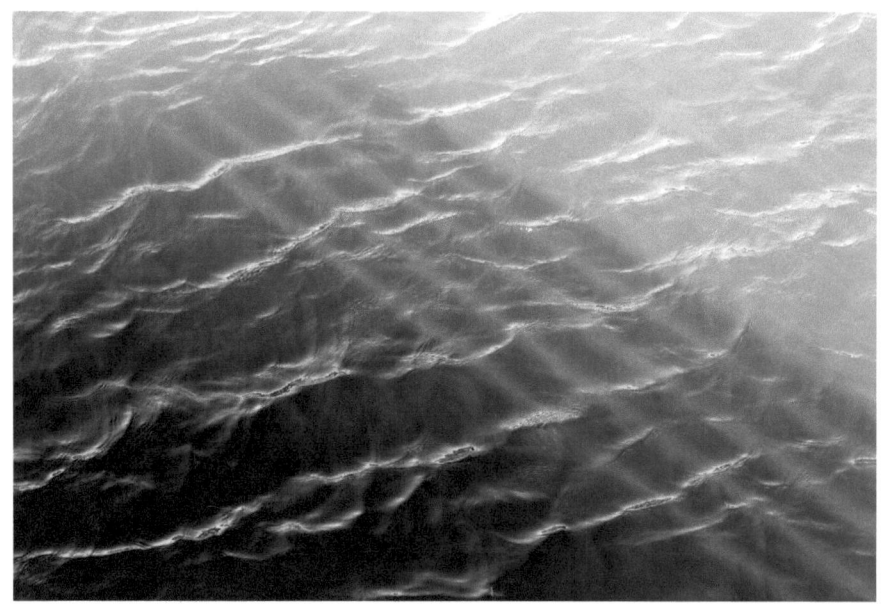

8471

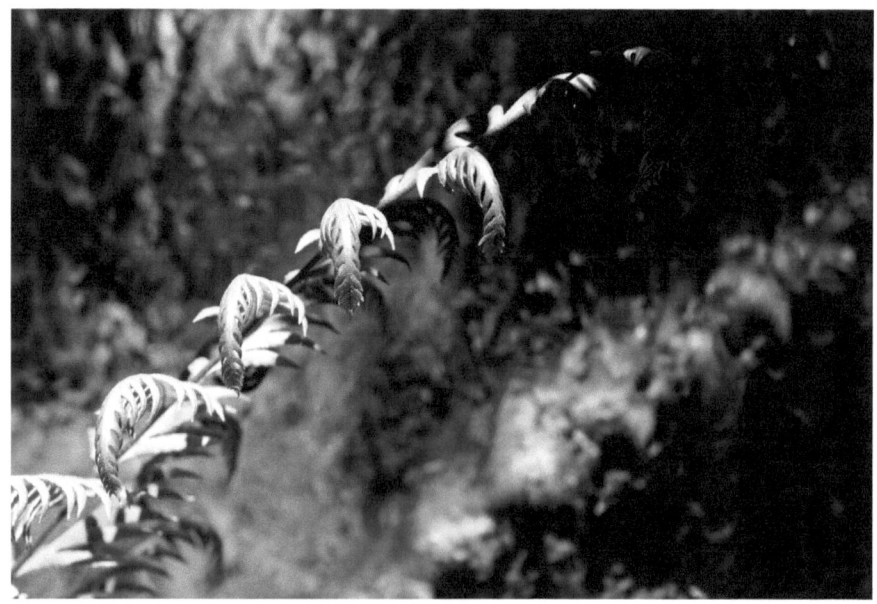

8889

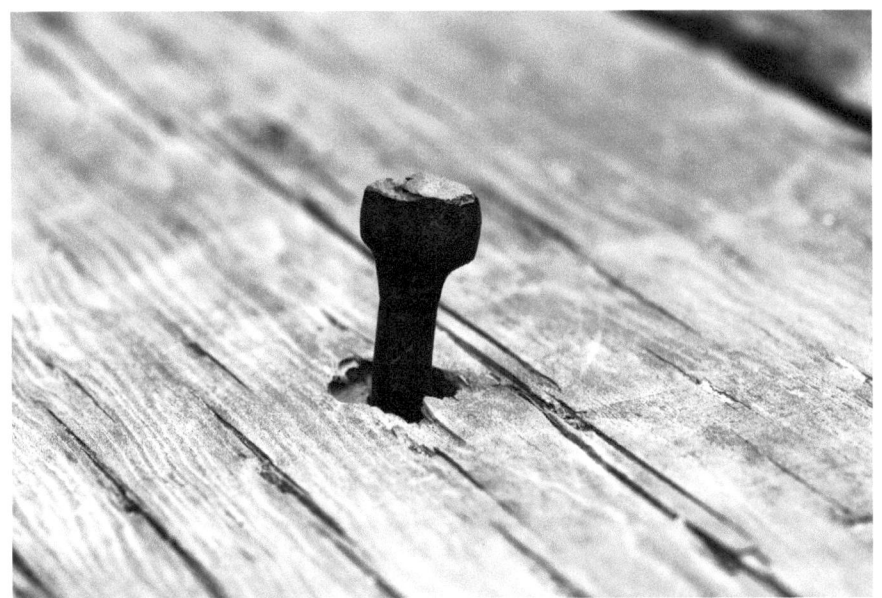

9024

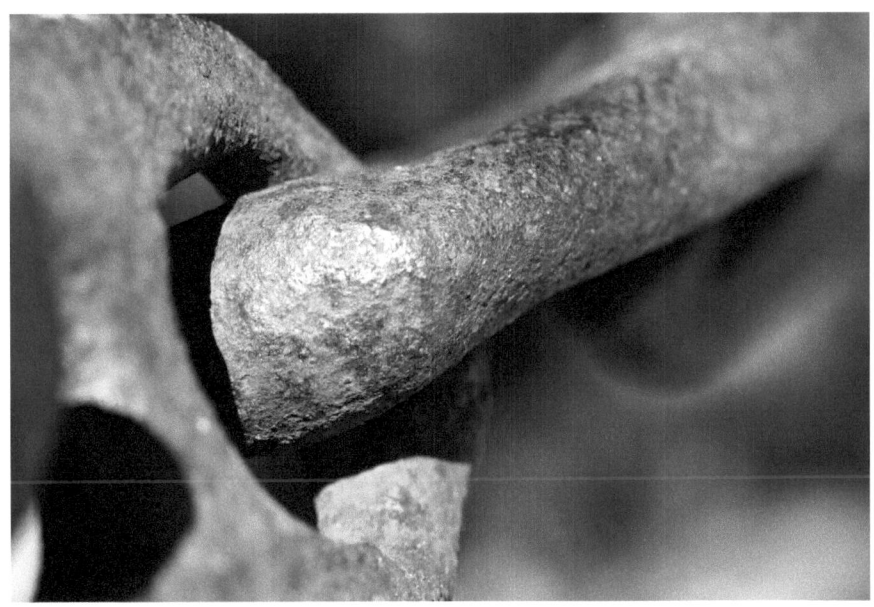

9353

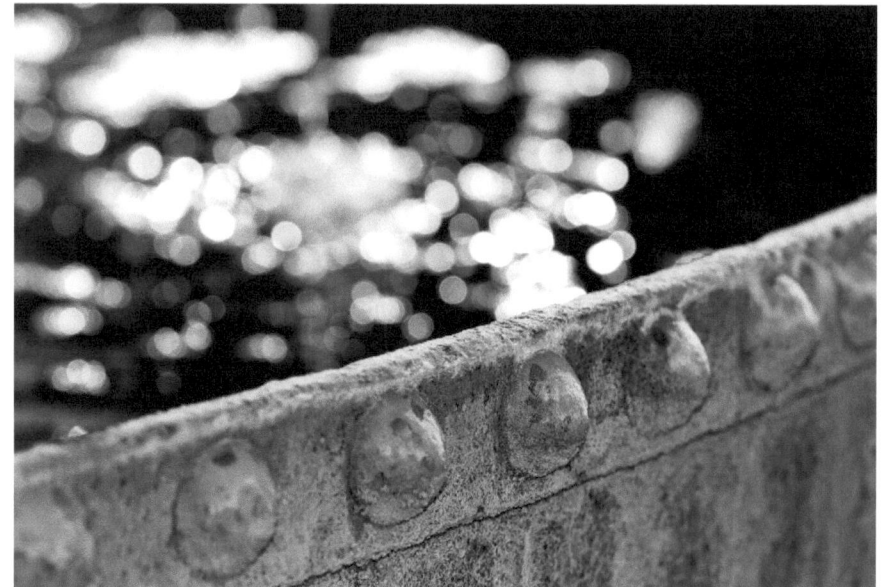

9430

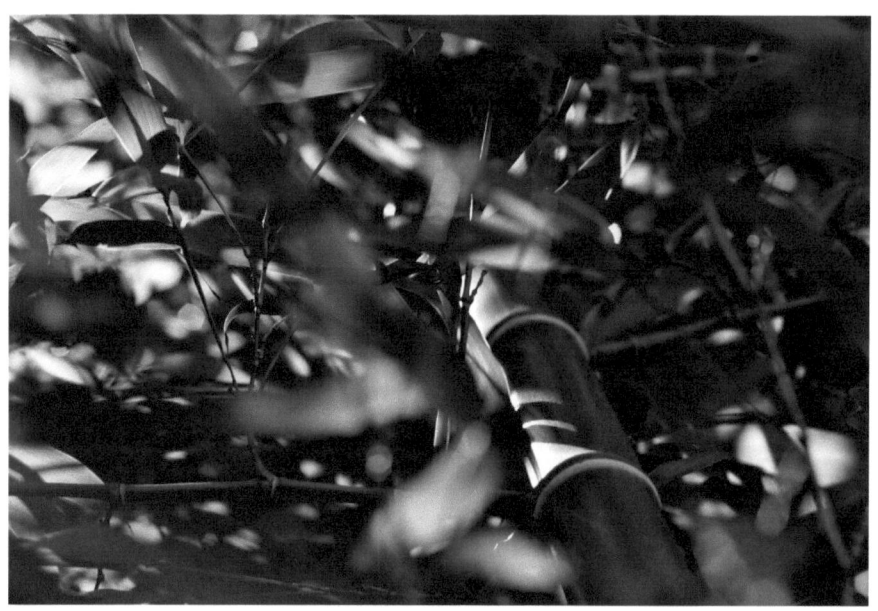

9975

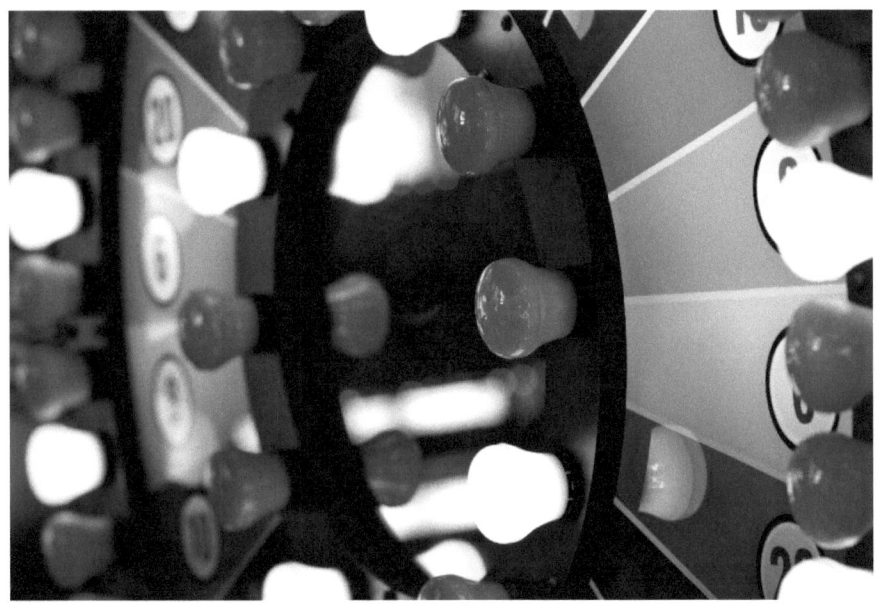

9980

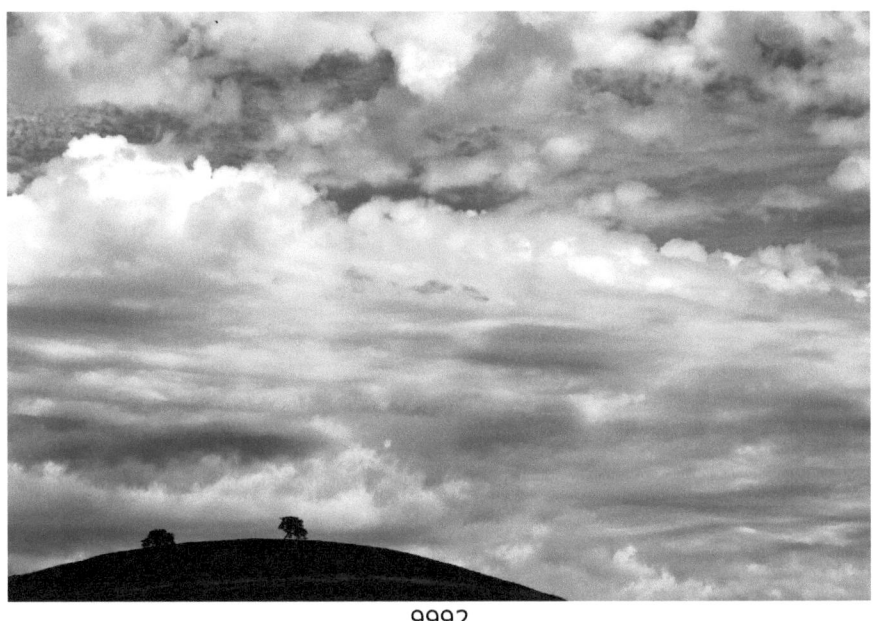

9992